T0268757

www.ingramcontent.com/pod-product-compliance
Lightning Source LLC
Jackson TN
JSHW052008131224
75386JS00036B/1238
9780874414714

ISBN: 0-87441-471-7
ISBN 13: 978-0-87441-471-4

Illustrations by ARIEH ZELDICH
Cover: *SCHOLAR AND STUDENTS*
Linen Fiber Sculpture by LAURIE GROSS © 1985
Photographed by MARVIN RAND
Cover/Book Design by CANARD DESIGN, INC.

MANUFACTURED IN THE UNITED STATES OF AMERICA

דֶּרֶךְ חָכְמָה

PRAYER READING SKILLS

Roberta Osser Baum
Rabbi Alex Kaminetsky
Magda Winter

BEHRMAN HOUSE

CONTENTS

To the Student:

This book will help you to read Hebrew fluently. You are already well on your way. You have learned the Hebrew alphabet and the sounds vowels make. You can put them together to read whole Hebrew words. Look-alike letters may still confuse you and some vowel sounds may cause you difficulty. (Do you mix up the letters צ and ע? Do you have trouble with the vowels וֹ and וּ? They are easy to confuse!) The review at the beginning of each lesson will help you solve these and other reading problems.

The second step to fluent reading is the knowledge of certain reading rules. These rules are like keys. When you know how to use them, you can unlock the door to easy reading. They tell us how to "attack" a word. For example, *yud* can sometimes fool us. When is *yud* a letter? When is *yud* part of a vowel sound? When does *yud* change the sound of a vowel? You'll learn how to recognize these differences. Did you know that *sh'va* helps us to divide a long word into smaller parts? When you can do this, difficult words become easier to read. You'll also learn when *vav* says "v" even though it may look like "oo". And when *vav* says "vo" even though it looks like "o". You will learn the rules that make Hebrew reading easier.

Soon you will be able to read the prayer passages at the end of each lesson with speed and ease. When you complete this book you will be able to read any Hebrew text with confidence. You will be on your "way to wisdom," דֶּרֶךְ חָכְמָה.

4

LESSON 1 שִׁיעוּר

ALEF-BET REVIEW

Say the name of each Hebrew letter.
Say the sound each letter makes.

	ז	ו	ה	ד	ג	ב	בּ	א
	Zayin	Vav	Hay	Dalet	Gimmel	Vet	Bet	Alef
ם	מ	ל	ך	כ	כּ	י	ט	ח
Final Mem	Mem	Lamed	Final Chaf	Chaf	Kaf	Yud	Tet	Chet
ץ	צ	ף	פ	פּ	ע	ס	ן	נ
Final Tsadee	Tsadee	Final Fay	Fay	Pay	Ayin	Samech	Final Nun	Nun
			ת	תּ	שׂ	שׁ	ר	ק
			Tav	Tav	Sin	Shin	Resh	Koof

VOWEL REVIEW

Read each line aloud.

[REMEMBER] The vowel ֳ sounds like AW in "all"

(אֳ עֳ הֳ חֳ)

1 אַ אֲ אָ אֳ אְ

2 אֶ אֱ אֶי אֶ אוּ

3 אִ אִי אֵ אֵי אֹ אוֹ

VOWEL RECOGNITION

Read the sounds aloud.

[REMEMBER] ַי and ָי sound like EYE.

וֹי sounds like OY in "boy."

וּי says OOY.

אַי אָי אוֹי אוּי

1 אַי אֶי אִי אָי אֵי אוּי אְ אוֹי

2 אֶ אֹ אֶ אוֹ אִ אָ אֵ אוּ

3 אֵי אֲ אִי אֱ אוֹ אָי אוּ אֶי

4 אֳ אֹ אוּי אִ אְ אֲ אוֹי אֶ

5 אֵ אַי אֶ אִי אוּ אֵי אֳ אָי

FINAL LETTERS ך ף ץ ן ם

Read each line aloud.

1 לָם חֶם דִים הָעוֹלָם לֶחֶם מוֹעֲדִים

2 מֵן פֶּן תֵן אָמֵן הַגָּפֶן נוֹתֵן

3 עֵץ רֶץ פֵּץ הָעֵץ הָאָרֶץ חָפֵץ

4 גוּף לִיף כַּף הַגוּף יַחֲלִיף מִכַּף

5 לֶךְ רוּךְ לֹךְ מֶלֶךְ בָּרוּךְ יִמְלֹךְ

6 תֶךָ מוּךָ דֶךָ בֵּיתֶךָ כָּמוּךָ יָדֶךָ

SIDDUR PHRASES (Final Letters)

1 בַּיָּמִים הָהֵם

2 הַמּוֹצִיא לֶחֶם

3 בֵּין יוֹשְׁבִין וּבֵין מְסֻבִּין

4 בּוֹרֵא פְּרִי הַגָּפֶן

5 חָמֵץ וּמַצָּה

6 הוֹדוֹ עַל אֶרֶץ

7 לֹא יַחֲלִיף הָאֵל

8 עַל צִיצִת הַכָּנָף פְּתִיל תְּכֵלֶת

9 אֱלֹהֵינוּ מֶלֶךְ

10 בָּרוּךְ אַתָּה

11 לְדוֹר וָדוֹר נַגִּיד גָּדְלֶךָ

12 מַלְכוּתְךָ מַלְכוּת

PRAYER

This prayer is recited on Yom Kippur. In the prayer we confess our sins. By reciting the sins we have committed, we show that we want to do better. We pray as members of the community and for the entire community. That is why each word begins with the word *we*. The sins are listed in the order of the Hebrew alphabet. This arrangement is called an acrostic.

1 אָשַׁמְנוּ.

2 בָּגַדְנוּ.

3 גָּזַלְנוּ.

4 דִּבַּרְנוּ דֹפִי.

5 הֶעֱוִינוּ.

6 וְהִרְשַׁעְנוּ.

7 זַדְנוּ.

8 חָמַסְנוּ.

9 טָפַלְנוּ שֶׁקֶר.

10 יָעַצְנוּ רָע.

11 כִּזַּבְנוּ.

12 לַצְנוּ.

13 מָרַדְנוּ.

14 נִאַצְנוּ.

15 סָרַרְנוּ.

16 עָוִינוּ.

17 פָּשַׁעְנוּ.

18 צָרַרְנוּ.

19 קִשִּׁינוּ עֹרֶף.

20 רָשַׁעְנוּ.

21 שִׁחַתְנוּ.

22 תִּעַבְנוּ.

23 תָּעִינוּ.

24 תִּעְתָּעְנוּ.

LESSON 2 שִׁיעוּר

VOWEL RECOGNITION אֹ אָ אוּ אָ

See how carefully and quickly you can read each line aloud.

1 נֹכִי עָל אוֹת וְזֹא חוֹת סֹק

2 יָנוּ סָךְ תֵּינוּ סְבִין הַהוּ כְּלוּ

3 מֹנוּ כֻּלָם הָיוּ יוֹם דֹּר צוּר

10

SIDDUR PHRASES

אוֹ אֹ

1 אוֹת הִיא לְעֹלָם

2 בּוֹרֵא מִינֵי מְזוֹנוֹת

3 מִי כָּמֹכָה נֶאְדָּר בַּקֹּדֶשׁ

4 לַעֲשׂוֹת אֶת הַשַּׁבָּת

אוּ אֻ

5 וַיְכֻלּוּ הַשָּׁמַיִם

6 חַיֵּינוּ מָגֵן יִשְׁעֵנוּ

7 כֻּלָּנוּ מְסֻבִּין

8 יָמֵינוּ כְּקֶדֶם

אוֹ אֹ
אוּ אֻ

9 אֱלֹהֵינוּ מֶלֶךְ הָעוֹלָם

10 חַג הַסֻּכּוֹת

READING RULE

THE SILENT SH'VA

This symbol ְ is called "Sh'va".

It appears under a letter. (פְ שְׁ קְ)

The letter with the Sh'va is often blended with the letter-vowel combination that comes *before* it:

(לִפְ מִשְׁ מִקְ).

This Sh'va is *silent.* Only the letter above it is sounded.

לִפְ־נֵי מִשְׁ־כָּן מִקְ־דָּשׁ

WORD BUILDING

Each word is divided into word-parts.
Read each word-part.
Put the word-parts together and read each whole word.

1	הַשְׁ־בִיעִי	הַשְּׁבִיעִי
2	מִצְ־וַת	מִצְוַת
3	וַיְ־כֻלּוּ	וַיְכֻלּוּ
4	קָדְ־שׁוֹ	קָדְשׁוֹ
5	יִמְ־לֹךְ	יִמְלֹךְ
6	יִשְׂ־רָ־אֵל	יִשְׂרָאֵל
7	יִהְ־יֶה	יִהְיֶה
8	נִהְ־יֶה	נִהְיֶה
9	לַזְ־מַן	לַזְּמַן
10	לִקְ־בֹּעַ	לִקְבֹּעַ

READING RULE

THE SOUNDED SH'VA

The Sh'va is sounded when it is found at the beginning of a word.
This Sh'va says "uh".

לְ־כֹל שְׁ־מוֹ וְ־זוֹ־כֵר

WORD BUILDING

Read each word-part.
Put the word-parts together and read each whole word.

1	מְ־אוֹרֵי	מְאוֹרֵי	2	מְ־זוֹ־נוֹת	מְזוֹנוֹת
3	לְ־עֹ־לָם	לְעֹלָם	4	וְ־צִ־וָּנוּ	וְצִוָּנוּ
5	לְ־בָבְ־ךָ	לְבָבְךָ	6	וְ־שָׁמְ־רוּ	וְשָׁמְרוּ
7	לְ־הַדְ־לִיק	לְהַדְלִיק	8	מְ־לַאכְ־תּוֹ	מְלַאכְתּוֹ
9	וְ־תֹמְ־כֶיהָ	וְתֹמְכֶיהָ	10	לְ־מִקְ־רָאֵי	לְמִקְרָאֵי

SIDDUR PHRASES

וּבַיּוֹם הַשְּׁבִיעִי	1	SILENT SH'VA
אַשְׁרֵי יוֹשְׁבֵי בֵיתֶךָ	2	
וַיְכַל אֱלֹהִים בַּיּוֹם הַשְּׁבִיעִי	3	
לְדֹרֹתָם בְּרִית עוֹלָם	4	SOUNDED SH'VA
לְמַעַן שְׁמוֹ בְּאַהֲבָה	5	
זִכָּרוֹן לְמַעֲשֵׂה בְרֵאשִׁית	6	
וְשָׁמְרוּ בְנֵי יִשְׂרָאֵל	7	SILENT & SOUNDED SH'VA
לְהַמְשִׁיל לוֹ לְהַחְבִּירָה	8	
וּלְזַמֵּר לְשִׁמְךָ עֶלְיוֹן	9	

PRAYER

This passage is recited during the Friday evening service and on Shabbat morning. God commands the Jewish people to observe Shabbat as a reminder of Creation. Observing Shabbat is a sign of the Covenant between God and the Children of Israel.

1 וְשָׁמְרוּ בְנֵי יִשְׂרָאֵל אֶת הַשַׁבָּת

2 לַעֲשׂוֹת אֶת הַשַׁבָּת

3 לְדֹרֹתָם בְּרִית עוֹלָם.

4 בֵּינִי וּבֵין בְּנֵי יִשְׂרָאֵל

5 אוֹת הִיא לְעֹלָם

6 כִּי שֵׁשֶׁת יָמִים עָשָׂה יְיָ

7 אֶת הַשָׁמַיִם וְאֶת הָאָרֶץ

8 וּבַיּוֹם הַשְׁבִיעִי שָׁבַת וַיִּנָפַשׁ

LESSON 3 שִׁיעוּר

LOOK-ALIKE LETTERS מ ט   צ ע   ד ר   י ו ן

See how carefully and quickly you can read each line aloud.

1 מָי טַ טוֹ מִי נָטַ מִטוּ מִסְ

2 עוֹ צֵי עֶ צֶ עָתֶ בְּמִצְ צֵנוּ

3 רֹ דַי דוּ רִי שֶׁר נֵר דֵשׁ

4 יוֹ וּוּ וָן יֵי יוֹם וְצִוָ צוֹן

SIDDUR PHRASES

1 וְיָנוּחוּ בָהּ יִשְׂרָאֵל

2 הוּא הֵיטִיב הוּא מֵטִיב הוּא יֵטִיב לָנוּ

3 וּלְנֵצַח נְצָחִים

4 מֶלֶךְ עוֹזֵר וּמוֹשִׁיעַ וּמָגֵן

5 שַׂבְּעֵנוּ מִטּוּבֶךָ

WORD BUILDING קּ־ד־ש (Holy)

Read each word-part.
Put the word-parts together and read each whole word.

1 קִ־דוּשׁ קִדוּשׁ   2 קָ־דוֹשׁ קָדוֹשׁ

3 קַ־דֵשׁ קַדֵשׁ   4 קֹ־דֶשׁ קֹדֶשׁ

5 קַדְ־שֵׁנוּ קַדְשֵׁנוּ   6 קְ־דוֹ־שִׁים קְדוֹשִׁים

7 מְ־קַ־דֵשׁ מְקַדֵשׁ   8 קְ־דוּ־שָׁה קְדוּשָׁה

9 קִ־דַשְׁ־תָּ קִדַשְׁתָּ   10 מְ־קַדְ־שֵׁי מְקַדְשֵׁי

SIDDUR PHRASES

1 אֲשֶׁר קִדְשָׁנוּ

2 בְּאַהֲבָה וּבְרָצוֹן שַׁבַּת קָדְשֶׁךָ

3 קָדוֹשׁ קָדוֹשׁ קָדוֹשׁ ה׳ צְבָאוֹת

4 קְדֻשָׁתְךָ נַקְדִישׁ

5 הַמַקְדִישִׁים שִׁמְךָ בַּקֹדֶשׁ

READING RULE

RECOGNIZING "VO"

Sometimes the *letter* vav looks like this וֹ

It looks like the vowel sound "Oh" טוֹ בּוֹ קוֹ

However, וֹ says "VO" if it follows a letter that already has a vowel צְוֹ עָוֹ

עָוֹן מִצְוֹת מִצְוֹתָי

Read each sound aloud.

עֲוֹ צְוֹ עוֹ עָוֹ

צְוֹ צוֹ עוֹ צְוֹ

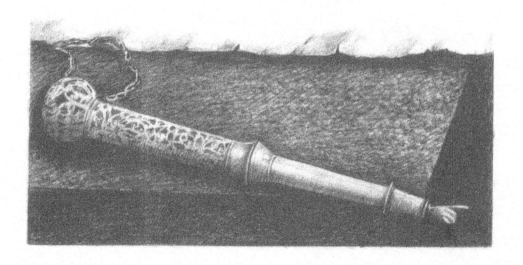

WORD BUILDING

Read each word-part.
Put the word-parts together and read each whole word.

1 מִצְ־וֹת מִצְוֹת

2 מִצְ־וֹתָי מִצְוֹתָי

3 בְּ־מִצְ־וֹת בְּמִצְוֹת

4 בְּ־מִצְ־וֹתָי בְּמִצְוֹתָי

5 עָ־וֹן עָוֹן

6 עֲ־וֹנִי עֲוֹנִי

7 עֲוֹ־נָה עֲוֹנָה

8 עֲוֹ־נֹתַי עֲוֹנֹתַי

FLUENT READING

Lightly circle each word containing the sound "VO."
Read the circled words aloud.
Read each line aloud.

1 מִצְוֹת צָה עֲוֹנִי מִצְוָה רְצוֹנֶךָ

2 רָצוֹן צוֹדֵק מִצְוֹתָי לְרָצוֹן עֲוֹנֹתַי

3 וְצִוָּנוּ בְּמִצְוֹת מִצְרָיִם אַרְצוֹת בְּמִצְוֹתָיו

4 עָוֹן מַצּוֹת צוֹפִיָּה צוֹרֵךְ מְצוֹרָע

5 בְּמִצְוֹתָי מִצְוַת עֲוֹנָה צִוָּה מִצִּיּוֹן

READING RULE

THE SILENT YUD

The ׳ is *not* sounded when you read ָיו (AHV).

ָיו is found *only* at the end of a word.

עָלָיו וּבָנָיו קְרָאָיו

Read each sound aloud.

לָיו תָּיו שָׁיו טָיו נָיו דָיו אָיו רָיו

WORD BUILDING

Read each word-part.
Put the word-parts together and read each whole word.

1	יָ־דָיו	יָדָיו	2	עָ־לָיו	עָלָיו
3	עֵי־נָיו	עֵינָיו	4	עַכְ־שָׁיו	עַכְשָׁיו
5	חֲסְ־דָיו	חֲסְדָיו	6	מִצְ־וֹ־תָיו	מִצְוֹתָיו
7	דְ־בָ־רָיו	דְבָרָיו	8	מִשְׁ־פָּ־טָיו	מִשְׁפָּטָיו
9	פָּ־נָיו	פָּנָיו	10	בְּ־מִצְ־וֹ־תָיו	בְּמִצְוֹתָיו

SIDDUR PHRASES

ָיו (AHV)

1 וְחָסִיד בְּכָל מַעֲשָׂיו

2 בֹּנֵה בְרַחֲמָיו יְרוּשָׁלָיִם אָמֵן

3 וְהִשְׁתַּחֲווּ לַהֲדֹם רַגְלָיו

4 יָאֵר ה׳ פָּנָיו אֵלֶיךָ

5 הָאֵל הַנֶּאֱמָן בְּכָל דְּבָרָיו

וֹ (VO)

6 קַדְּשֵׁנוּ בְּמִצְוֹתֶיךָ

7 וּבְמִצְוֹתֶיךָ תִּרְדּוֹף נַפְשִׁי

8 בְּמִצְוֹתָיו וְצִוָּנוּ

9 וַעֲשִׂיתֶם אֶת כָּל מִצְוֹתָי

10 אַל תִּזְכָּר לָנוּ עֲוֹנוֹת

CHALLENGE

Which phrase contains the sounds ָיו and וֹ (VO)?

PRAYER

In this prayer we ask God to be pleased with our rest on Shabbat. Shabbat rest is pleasing when people come together to create a feeling of peace and love. The passage goes on to ask God to "...let Your Torah be our way of life... purify our hearts to serve you faithfully."

1 אֱלֹהֵינוּ וֵאלֹהֵי אֲבוֹתֵינוּ

2 רְצֵה בִמְנוּחָתֵנוּ קַדְּשֵׁנוּ

3 בְּמִצְוֹתֶיךָ וְתֵן חֶלְקֵנוּ בְּתוֹרָתֶךָ,

4 שַׂבְּעֵנוּ מִטּוּבֶךָ וְשַׂמְּחֵנוּ בִּישׁוּעָתֶךָ,

5 וְטַהֵר לִבֵּנוּ לְעָבְדְּךָ בֶּאֱמֶת

6 וְהַנְחִילֵנוּ יְיָ אֱלֹהֵינוּ בְּאַהֲבָה וּבְרָצוֹן

7 שַׁבַּת קָדְשֶׁךָ וְיָנוּחוּ בָה יִשְׂרָאֵל

8 מְקַדְּשֵׁי שְׁמֶךָ. בָּרוּךְ אַתָּה יְיָ מְקַדֵּשׁ הַשַּׁבָּת.

22

LESSON 4 שִׁיעוּר

LOOK-ALIKE LETTERS ה ח ת ס ם ו ז נ ג

See how carefully and quickly you can read each line aloud.

1 הֶ תָיו חֲ הִ הֶחֱ תַח הָיָ

2 סֶ הֵם סִי סֹ מִים נוֹס סִים

3 וְ זֶ וּ זַי וְלֹ אֲזַי צִוָ

4 נוּ גִי נֵ בֶ יָנוּ גְוִ וְהִגִי

SIDDUR PHRASES (Look-Alike Letters)

1 וְעִם רוּחִי גְוִיָתִי

2 לַעֲסֹק בְּדִבְרֵי תוֹרָה

3 וְהוּא נִסִי וּמָנוֹס לִי

4 אֶרֶךְ אַפַּיִם וּגְדָל חָסֶד

5 וְהוּא אֵלִי וְחַי גוֹאֲלִי

READING RULE

THE SILENT ה

The letter ה usually has the saying sound "H."

However, the letter ה is *silent* when it comes at the end of a word and does *not* have a vowel.

תּוֹרָה מוֹדֶה אַתָּה

WORD BUILDING

Read each word-part.
Put the word-parts together and read each whole word.

1	סֶ־לָה	סֶלָה
2	הֹ־וֶה	הֹוֶה
3	מַ־צָּה	מַצָּה
4	הַ־זֶּה	הַזֶּה
5	חֲ־נֻ־כָּה	חֲנֻכָּה
6	שֶׁעָ־שָׂה	שֶׁעָשָׂה
7	נֶהֱ־גֶה	נֶהֱגֶה

8 יְ־הוּ־דָה יְהוּדָה

9 מְ־זוּ־זָה מְזוּזָה

10 וְ־רָ־צָה וְרָצָה

11 הָ־אֲ־דָ־מָה הָאֲדָמָה

12 בְּ־אַ־הֲ־בָה בְּאַהֲבָה

13 וְ־הַ־מִשְׂ־רָה וְהַמִשְׂרָה

14 בְּ־תִפְ־אָ־רָה בְּתִפְאָרָה

CHALLENGE

Can you read the seven words that have only a silent ה?
Can you read the seven words that have a sounded and a silent ה?

SIDDUR PHRASES (Silent and Sounded ה)

1 וְהוּא הָיָה וְהוּא הֹוֶה

2 הָהֵם בַּזְּמַן הַזֶּה

3 וְזֹאת הַתּוֹרָה

4 וְלוֹ הָעֹז וְהַמִּשְׂרָה

5 מַה נִּשְׁתַּנָּה הַלַּיְלָה הַזֶּה

6 וְהָיוּ הַדְּבָרִים הָאֵלֶּה

7 עַל עֹלַת הַתָּמִיד וְנִסְכָּהּ

8 בַּיּוֹם הַהוּא יִהְיֶה ה׳ אֶחָד

9 חַג הַמַּצּוֹת הַזֶּה

10 תְּהִלָּה לְכָל חֲסִידָיו

PRAYER

This is one of the most beautiful poems in our prayerbook. It was probably written in medieval times. Sung at the end of the synagogue service, it is also included in prayers before going to sleep. The poem sings of God as eternal, without beginning and without end. We praise God and express our deep trust in God in every situation.

1   אֲדוֹן עוֹלָם אֲשֶׁר מָלַךְ

2   בְּטֶרֶם כָּל יְצִיר נִבְרָא.

3   לְעֵת נַעֲשָׂה בְחֶפְצוֹ כֹּל

4   אֲזַי מֶלֶךְ שְׁמוֹ נִקְרָא.

5   וְאַחֲרֵי כִּכְלוֹת הַכֹּל

6   לְבַדּוֹ יִמְלוֹךְ נוֹרָא.

7   וְהוּא הָיָה וְהוּא הֹוֶה

8   וְהוּא יִהְיֶה בְּתִפְאָרָה.

9   וְהוּא אֶחָד וְאֵין שֵׁנִי

10   לְהַמְשִׁיל לוֹ לְהַחְבִּירָה.

11 בְּלִי רֵאשִׁית בְּלִי תַכְלִית

12 וְלוֹ הָעֹז וְהַמִּשְׂרָה.

13 וְהוּא אֵלִי וְחַי גּוֹאֲלִי

14 וְצוּר חֶבְלִי בְּעֵת צָרָה.

15 וְהוּא נִסִּי וּמָנוֹס לִי

16 מְנָת כּוֹסִי בְּיוֹם אֶקְרָא.

17 בְּיָדוֹ אַפְקִיד רוּחִי

18 בְּעֵת אִישַׁן וְאָעִירָה.

19 וְעִם רוּחִי גְּוִיָּתִי

20 יְיָ לִי וְלֹא אִירָא.

LESSON 5 שִׁיעוּר

FINAL LETTERS ם ן ף ץ ך

See how carefully and quickly you can read each line aloud.

1 הֶם וִים מֵן יוֹן טֵף כֹּף

2 רֶץ חַץ בֶּךְ תֶּךְ רוּךְ לֹךְ

WORD BUILDING

Read each word-part.
Put the word-parts together and read each whole word.

1 לַאֲ־דוֹן לַאֲדוֹן

2 וְ־הָ־אָ־רֶץ וְהָאָרֶץ

3 הַמְ־בֹ־רָךְ הַמְבֹרָךְ

4 מְ־רוֹ־מִים מְרוֹמִים

5 וּ־מַ־חֲ־לִיף וּמַחֲלִיף

6 בְּ־תוֹ־רָ־תֶךָ בְּתוֹרָתֶךָ

SIDDUR PHRASES (Final Letters)

1 כַּכָּתוּב בְּתוֹרָתֶךָ ה׳ יִמְלֹךְ

2 נְטִילַת יָדָיִם

3 חָמֵץ וּמַצָּה

4 לְתַקֵן עוֹלָם בְּמַלְכוּת שַׁדַי

5 הַכָּנָף פְּתִיל תְּכֵלֶת

6 הַמּוֹצִיא לֶחֶם מִן הָאָרֶץ

7 לְטֹטָפֹת בֵּין עֵינֶיךָ

8 מֵאָלֶף אֶלֶף אַלְפֵי אֲלָפִים

READING RULE

ENDING WITH "ACH"

The vowel sound is read *first* when חַ comes at the end of a word (ACH).

לוּחַ רוּחַ שָׂמֵחַ

Add the חַ (ach) ending to complete each word.

Read the completed words.

רוּ ___ שׁוֹלֵ ___ רֵי ___ מְשַׂמֵּ ___ שַׁבֵּ ___

וּמַצְמִי ___ מֹ ___ אוֹרֵ ___ לְהָנִי ___ לְשַׁבֵּ ___

FLUENT READING

Find the word לְשַׁבֵּחַ ("to praise") in each line and lightly circle it.
Read each line aloud.

1 מָשִׁיחַ סוֹלֵחַ לְהָנִיחַ לְשַׁבֵּחַ אוֹרֵחַ

2 כֹּחַ לְשַׁבֵּחַ מְשַׂמֵּחַ הֵרִיחַ וּמַצְמִיחַ

3 שׁוֹלֵחַ הַמִּזְבֵּחַ בּוֹטֵחַ נָשִׂיחַ לְשַׁבֵּחַ

4 פּוֹתֵחַ וּמֵנִיחַ לְשַׁבֵּחַ יִפָּתַח הַמְנַבֵּחַ

Learn the Hanukkah song מָעוֹז צוּר.

1 מָעוֹז צוּר יְשׁוּעָתִי

2 לְךָ נָאֶה לְשַׁבֵּחַ

3 תִּכּוֹן בֵּית תְּפִלָּתִי

4 וְשָׁם תּוֹדָה נְזַבֵּחַ

5 לְעֵת תָּכִין מַטְבֵּחַ

6 מִצָּר הַמְנַבֵּחַ

7 אָז אֶגְמוֹר בְּשִׁיר מִזְמוֹר

8 חֲנֻכַּת הַמִּזְבֵּחַ

33

PRAYER

Alenu is sung at the conclusion of the worship service. In the first part we look at our special place among the nations of the world. God "has not made us like the nations of other lands" for at Sinai we received the Torah. The second part is a prayer for the universal recognition of God by all people. It is "our hope that the world will be perfected... and all humanity will call Your name... On that day the Lord shall be One, and His name shall be One."

1 עָלֵינוּ לְשַׁבֵּחַ לַאֲדוֹן הַכֹּל

2 לָתֵת גְּדֻלָּה לְיוֹצֵר בְּרֵאשִׁית

3 שֶׁלֹּא עָשָׂנוּ כְּגוֹיֵי הָאֲרָצוֹת

4 וְלֹא שָׂמָנוּ כְּמִשְׁפְּחוֹת הָאֲדָמָה

5 שֶׁלֹּא שָׂם חֶלְקֵנוּ כָּהֶם

6 וְגֹרָלֵנוּ כְּכָל הֲמוֹנָם.

7 וַאֲנַחְנוּ כּוֹרְעִים וּמִשְׁתַּחֲוִים וּמוֹדִים

8 לִפְנֵי מֶלֶךְ מַלְכֵי הַמְּלָכִים הַקָּדוֹשׁ בָּרוּךְ הוּא.

9 שֶׁהוּא נוֹטֶה שָׁמַיִם וְיוֹסֵד אָרֶץ

10 וּמוֹשַׁב יְקָרוֹ בַּשָּׁמַיִם מִמַּעַל

11 וּשְׁכִינַת עֻזּוֹ בְּגָבְהֵי מְרוֹמִים.

12 הוּא אֱלֹהֵינוּ אֵין עוֹד

13 אֱמֶת מַלְכֵּנוּ, אֶפֶס זוּלָתוֹ.

14 כַּכָּתוּב בְּתוֹרָתֶךָ יְיָ יִמְלֹךְ לְעוֹלָם וָעֶד.

15 וְנֶאֱמַר וְהָיָה יְיָ לְמֶלֶךְ עַל כָּל הָאָרֶץ

16 בַּיּוֹם הַהוּא יִהְיֶה יְיָ אֶחָד

17 וּשְׁמוֹ אֶחָד.

LESSON 6 שִׁיעוּר

SILENT LETTERS ע א

[REMEMBER] Only their *vowels* are sounded.

See how carefully and quickly you can read each line aloud.

1 רָא לֹא רֹאשׁ רֵא בָּא יֹאמֶ

2 אֲשֶׁ אוֹר אֲכִי הָאַ אָם אֶת

3 עָרֶי בַּעֲ עַל מֹעַ טַע הָעוֹ

4 עוֹד עֵת עַם עֱגָ בוּעַ עוֹבֵ

SIDDUR PHRASES

1 אֲשֶׁר הוֹצֵאתִי אֶתְכֶם

2 מֵרֹאשׁ מִקֶּדֶם נְסוּכָה

3 לְכָל בְּרִיּוֹתָיו אֲשֶׁר בָּרָא

4 אֵל רָם וְנִשָּׂא

5 לִשְׁמֹעַ קוֹל

6 כִּי לְעוֹלָם חַסְדּוֹ

7 לְטֹטָפוֹת בֵּין עֵינֶיךָ

8 עֲשֵׂה לְמַעַן יְמִינֶךָ

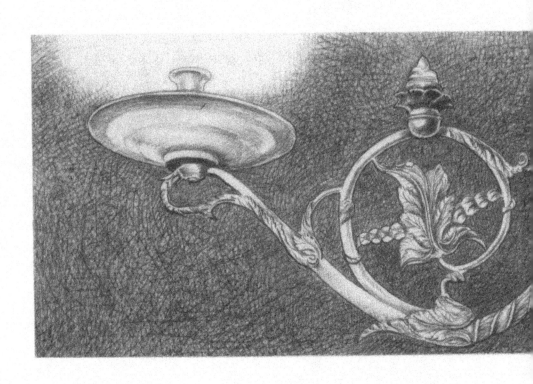

READING RULE

ENDING LETTERS

A letter at the beginning or middle of a word must have a vowel to be sounded.
However, a letter at the end of a word can be sounded *without* a vowel.

חוֹמוֹת וָדֹר יִשְׂרָאֵל

WORD BUILDING

Read each word-part.
Put the word-parts together and read each whole word.

1 בָּ־שָׂר בָּשָׂר

2 תָּ־מִיד תָּמִיד

3 בְּ־חֶ־סֶד בְּחֶסֶד

4 יֶחְ־סַר יֶחְסַר

5 בַּעֲ־בוּר בַּעֲבוּר

6 בִּרְ־כַּת בִּרְכַּת

7 וּ־מֵ־טִיב וּמֵטִיב

8 וּ־מַ־תִּיר וּמַתִּיר

9 וּכְ־בוֹד וּכְבוֹד

10 וּמְ־פַרְ־נֵס וּמְפַרְנֵס

SIDDUR PHRASES

1 תָּמִיד לֹא חָסַר לָנוּ

2 לְיוֹצֵר בְּרֵאשִׁית

3 צְבָאוֹת שְׁמוֹ קְדוֹשׁ יִשְׂרָאֵל

4 הָאֵל הַגָּדוֹל הַגִּבּוֹר וְהַנּוֹרָא

5 בַּעֲבוּר שְׁמוֹ הַגָּדוֹל

6 תָּמִיד לְעוֹלָם וָעֶד

7 חַג הַשָּׁבְעוֹת הַזֶּה

8 כִּי לֶקַח טוֹב

9 תּוֹרַת חַיִּים וְאַהֲבַת חֶסֶד

10 אֵל זָן וּמְפַרְנֵס לַכֹּל

PRAYER

Birkat Hamazon is the Grace recited following a meal. Birkat Hamazon has many sections. In this paragraph we thank God for providing food for mankind and "for all the creatures He has created." The last sentence says: "Praised are You, O Lord, who feeds all."

1 בָּרוּךְ אַתָּה יְיָ אֱלֹהֵינוּ מֶלֶךְ הָעוֹלָם

2 הַזָּן אֶת הָעוֹלָם כֻּלּוֹ בְּטוּבוֹ

3 בְּחֵן בְּחֶסֶד וּבְרַחֲמִים.

4 הוּא נוֹתֵן לֶחֶם לְכָל בָּשָׂר

5 כִּי לְעוֹלָם חַסְדוֹ.

6 וּבְטוּבוֹ הַגָּדוֹל תָּמִיד לֹא חָסַר לָנוּ.

7 וְאַל יֶחְסַר לָנוּ מָזוֹן לְעוֹלָם וָעֶד

8 בַּעֲבוּר שְׁמוֹ הַגָּדוֹל.

9 כִּי הוּא אֵל זָן וּמְפַרְנֵס לַכֹּל

10 וּמֵטִיב לַכֹּל וּמֵכִין מָזוֹן לְכָל

11 בְּרִיּוֹתָיו אֲשֶׁר בָּרָא.

12 בָּרוּךְ אַתָּה יְיָ הַזָּן אֶת הַכֹּל.

LESSON 7 שִׁיעוּר

VOWEL RECOGNITION כָּל כָל אֳ

The vowel ָ says AW in the words כָל and כָּל.

[REMEMBER] The vowel ָ always says AW when it is written with a Sh'va ֳ

הֳרַ אֳנִי חֳר עֳלֶ

Read each word correctly.

1 כָּל כָל לְכָל בְּכָל

2 וּבְכָל מִכָּל וּלְכָל וְכָל

SIDDUR PHRASES

1 בְּכָל לְבָבְךָ

2 וּבְכָל מְאֹדֶךָ

3 מְלֹא כָל הָאָרֶץ כְּבוֹדוֹ

4 וַעֲשִׂיתֶם אֶת כָּל מִצְוֹתָי

5 בְּכָל עֵת וּבְכָל שָׁעָה בִּשְׁלוֹמֶךָ

READING RULE

THE SILENT YUD

When י follows the vowel sound ֵ the י is *not* sounded (ֵי).

In the Siddur the vowel sound ֵי is usually followed by ךָ (ֵיךָ).

The י is *silent.*

Read each word-part aloud.

דֵיךָ תֵיךָ לֵיךָ הֵיךָ

אֵיךָ נֵיךָ בֵיךָ רֵיךָ

WORD BUILDING

Read each word-part.
Put the word-parts together and read each whole word.

1 עֵי־נֶיךָ עֵינֶיךָ

2 נִ־סֶיךָ נִסֶיךָ

3 רַחֲ־מֶיךָ רַחֲמֶיךָ

4 מַעֲ־שֶׂיךָ מַעֲשֶׂיךָ

5 לְ־פָ־נֶיךָ לְפָנֶיךָ

6 לְ־בָ־נֶיךָ לְבָנֶיךָ

7 מִשְׁ־פָּ־טֶיךָ מִשְׁפָּטֶיךָ

8 מִלְ־פָ־נֶיךָ מִלְפָנֶיךָ

9 וּשְׂ־פָ־תֶיךָ וּשְׂפָתֶיךָ

10 וַחֲ־סִי־דֶיךָ וַחֲסִידֶיךָ

11 מְ־שַׂנְ־אֶיךָ מְשַׂנְאֶיךָ

12 וּ־בִשְׁ־עָ־רֶיךָ וּבִשְׁעָרֶיךָ

SIDDUR PHRASES (ֶיךָ Endings)

1 וְאָהַבְתָּ אֵת ה׳ אֱלֹהֶיךָ

2 וְהָיוּ לְטֹטָפֹת בֵּין עֵינֶיךָ

3 עַל מְזֻזוֹת בֵּיתֶךָ וּבִשְׁעָרֶיךָ

4 וְשִׁנַּנְתָּם לְבָנֶיךָ

5 מוֹדֶה אֲנִי לְפָנֶיךָ

6 קַדְּשֵׁנוּ בְּמִצְוֹתֶיךָ

7 עַל יְדֵי כֹּהֲנֶיךָ

8 בְּאוֹר פָּנֶיךָ

READING RULE

THE DOUBLE SH'VA

Whenever DOUBLE SH'VA (אְאְ) appears in the middle of a word – THE FIRST SH'VA IS SILENT and the letter over this Sh'va is blended with the letter/vowel combination that comes *before* it. (נַפְ)

THE SECOND SH'VA IS SOUNDED (UH) and the letter and this Sh'va is blended with the letter/vowel combination that comes *after* it. (נַפְ־שְׁךָ)

נַפְ־שְׁךָ יִשְׂ־מְחוּ עַבְ־דְךָ יִלְ־מְדוּ

SILENT AND SOUNDED SH'VA

Each word in this list has a DOUBLE SH'VA אְאְ.
Separate the DOUBLE SH'VA and place each word-part in the correct column.
Read each word-part aloud.
Read each whole word aloud.

SOUNDED SH'VA	SILENT SH'VA	
שְׁךָ	נַפְ	1 נַפְשְׁךָ
______	______	2 יִלְמְדוּ
______	______	3 יִשְׂמְחוּ
______	______	4 תִּשְׁמְרוּ
______	______	5 נַפְשְׁכֶם
______	______	6 תִּשְׁמְעוּ
______	______	7 תִּזְכְּרוּ
______	______	8 חַסְדְּךָ

WORD BUILDING

Read each word-part.
Put the word-parts together and read each whole word.

1 חַס־דְךָ חַסְדְךָ

2 תִּזְ־כְּרוּ תִּזְכְּרוּ

3 קָדְ־שְׁךָ קָדְשְׁךָ

4 נַפְ־שְׁכֶם נַפְשְׁכֶם

5 בְּ־שִׁבְ־תְּךָ בְּשִׁבְתְּךָ

6 כְּ־מִשְׁ־פְּחוֹת כְּמִשְׁפְּחוֹת

7 תֻּשְׁ־בְּחָ־תָא תֻּשְׁבְּחָתָא

8 וּבְ־לֶכְ־תְּךָ וּבְלֶכְתְּךָ

9 וּלְ־עָבְ־דְךָ וּלְעָבְדְךָ

10 וּבְ־שָׁכְ־בְּךָ וּבְשָׁכְבְּךָ

SIDDUR PHRASES (Double Sh'va)

1 וּבְכָל נַפְשְׁךָ

2 בְּשִׁבְתְּךָ בְּבֵיתֶךָ

3 וּבְלֶכְתְּךָ בַדֶּרֶךְ

4 וּבְשָׁכְבְּךָ וּבְקוּמֶךָ

5 יִשְׂמְחוּ בְמַלְכוּתְךָ

6 לְעָבְדְּךָ בֶּאֱמֶת

7 לְמַעַן תִּזְכְּרוּ

8 וְלֹא שָׂמָנוּ כְּמִשְׁפְּחוֹת הָאֲדָמָה

READING PRACTICE

When the teacher reads aloud a letter/number combination (Gimmel-7), read the word (עַבְדֶּךָ).

	א	בּ	ג	ד
1	אֵל	אֱלֹהֵי	אֱלֹהֶיךָ	אֱלֹהִים
2	לְבָבֶךָ	לֵבָב	לֵב	לְבָבְךָ
3	נֶפֶשׁ	נַפְשְׁךָ	לְפָנֶיךָ	הוֹפֵךְ
4	מֶלֶךְ	מְאֹד	יִמְלֹךְ	מְאֹדֶךָ
5	מִצְוֹת	מִצְוָה	מְצַוְּךָ	מִצְוֹתָיו
6	בָּנֶיךָ	לְבָנֶיךָ	בְּנֵי	בָּרוּךְ
7	עֶלְיוֹן	עֵינֵי	עַבְדֶּךָ	עֵינֶיךָ
8	וְהִשְׁתַּחֲווּ	בְּפָעֳלֶךָ	בִּישׁוּעָתֶךָ	וּבִשְׁעָרֶיךָ

PRAYER

When we say the Shema, we announce for ourselves and for all to hear that there is only One God.

The prayer passage, V'ahavta, is a continuation of the Shema. The opening sentence commands each one to love God "with all your heart, and with all your soul and with all your might." People who love make commitments to each other. In the same way, the Jewish people made a commitment, a Covenant, with God. The symbols of tefillin and mezuzah help each one of us to remember our Covenant with God.

1   שְׁמַע יִשְׂרָאֵל ה׳ אֱלֹהֵינוּ ה׳ אֶחָד.

2   וְאָהַבְתָּ אֵת ה׳ אֱלֹהֶיךָ

3   בְּכָל לְבָבְךָ וּבְכָל נַפְשְׁךָ

4   וּבְכָל מְאֹדֶךָ

5   וְהָיוּ הַדְּבָרִים הָאֵלֶּה

6   אֲשֶׁר אָנֹכִי מְצַוְּךָ הַיּוֹם

7   עַל לְבָבֶךָ

8 וְשִׁנַּנְתָּם לְבָנֶיךָ וְדִבַּרְתָּ בָּם

9 בְּשִׁבְתְּךָ בְּבֵיתֶךָ

10 וּבְלֶכְתְּךָ בַדֶּרֶךְ

11 וּבְשָׁכְבְּךָ וּבְקוּמֶךָ

12 וּקְשַׁרְתָּם לְאוֹת עַל יָדֶךָ

13 וְהָיוּ לְטֹטָפֹת בֵּין עֵינֶיךָ

14 וּכְתַבְתָּם עַל מְזֻזוֹת בֵּיתֶךָ

15 וּבִשְׁעָרֶיךָ.

LESSON 8 שִׁיעוּר

LETTER/VOWEL RECOGNITION YUD י

See how carefully and quickly you can read each line aloud.

YUD: as a LETTER

1 יוֹם וַיְ יַם וַיִשְׁ לְיוֹ יֶדָ

2 יֶה אֹיְ נָיִם יַעֲ יְהֵא יִשְׁ

YUD: as part of a VOWEL

3 אִי אֵי אַי אָי אָיו אוּי אוֹי

4 חִיל כִּי תָיו לִיצִי מָתַי תֶיהָ

5 בְּנֵי רָאוּי עָלַי טֶיךָ בֹּאִי וִימֵי

YUD: as a LETTER/as a VOWEL

6 חַיֵי יְהִי יָדִי חַיִים יְמִינְ יֶיךָ

7 יַגִיד יְמֵי יָחִיד יוֹתֵי יֶינָה יוֹשִׁי

RECOGNIZING YUD ‏י

Read each word aloud.

‏י as a LETTER		‏י as part of a VOWEL	
11	וְהָיוּ	1	הַשִּׁשִּׁי
12	וַיְכֻלּוּ	2	אֱלֹהַי
13	הַשָּׁמַיִם	3	בְּרַחֲמָיו
14	יִשְׂרָאֵל	4	מִפָּנֶיךָ
15	בַּיוֹם	5	אֱלֹהֵינוּ
16	וַיִּשְׁבֹּת	6	כָּרָאוּי
17	בְּיָדוֹ	7	וַיְהִי
18	וַיֹּאמֶר	8	בְּמִצְוֹתָיו
19	וַיְהִי	9	לְמִקְרָאֵי
20	מִצְרַיִם	10	לִיצִיאַת

CHALLENGE

Why is the word וַיְהִי found in both lists?
Can you now read these words correctly?

יוֹשְׁבֵי חַיִּים יָמִים חַיֵּינוּ כְּגוֹיֵי

SIDDUR PHRASES (Yud as Letter/as Vowel)

1 וַיְהִי עֶרֶב וַיְהִי בֹּקֶר

2 יוֹם הַשִׁשִׁי

3 אֱלֹהֵי יִצְחָק וֵאלֹהֵי יַעֲקֹב

4 וַיְכַּל אֱלֹהִים

5 וַיִשְׁבֹּת בַּיוֹם הַשְׁבִיעִי

6 וַיְבָרֶךְ אֱלֹהִים

7 וּפִּי יַגִיד תְּהִלָתֶךָ

8 וְעִם רוּחִי גְוִיָתִי

9 עַל יַד בֶּן יִשַׁי בֵּית הַלַחְמִי

10 יִשָׂא ה׳ פָּנָיו אֵלֶיךָ

READING RULE

THE ADDED SH'VA

The vowels ◌ָ ◌ַ ◌ֶ are often written with the Sh'va ◌ֳ ◌ֲ ◌ֱ

[REMEMBER] ◌ֳ says AW ◌ַ = ◌ֲ ◌ֶ = ◌ֱ

The vowels ◌ֳ ◌ֲ ◌ֱ are found under the letters

א ע ה ח.

אֱ אֲ אֳ עֱ עֲ עֳ הֱ הֲ הֳ חֱ חֲ חֳ

WORD BUILDING

Read each word-part.
Put the word-parts together and read each whole word.

1 לַעֲ־שׂוֹת לַעֲשׂוֹת

2 עֲלֵי־כֶם עֲלֵיכֶם

3 הַחֲ־בוּ־רָה הַחֲבוּרָה

4 הַמַ־עֲ־רִיב הַמַעֲרִיב

5 בְּ־אַ־הֲ־בָה בְּאַהֲבָה

6 שֶׁהֶ־חֱ־זַרְ־תָּ שֶׁהֶחֱזַרְתָּ

7 נֶאֱ־מָן נֶאֱמָן

8 אֲסוּ־רִים אֲסוּרִים

9 וַיַ־הֲ־רֹג וַיַהֲרֹג

10 שֶׁהֶ־חֱ־יָנוּ שֶׁהֶחֱיָנוּ

11 לְ־הַ־חֲ־יוֹת לְהַחֲיוֹת

12 וְ־צָ־הֳ־רַ־יִם וְצָהֳרַיִם

SIDDUR PHRASES (Vowels ◌ֲ ◌ֱ ◌ֳ)

1 מְלַאכְתּוֹ אֲשֶׁר עָשָׂה

2 בָּרָא אֱלֹהִים לַעֲשׂוֹת

3 אֱלֹהֵינוּ וֵאלֹהֵי אֲבוֹתֵינוּ

4 וְגֹרָלֵנוּ כְּכׇל הֲמוֹנָם

5 עֶרֶב וָבֹקֶר וְצָהֳרָיִם

6 וְנֶאֱמַר וְהָיָה ה׳

7 וְהִשְׁתַּחֲווּ לַהֲדֹם רַגְלָיו

8 אֲזַי מֶלֶךְ שְׁמוֹ נִקְרָא

9 שֶׁהֶחֱיָנוּ וְקִיְּמָנוּ וְהִגִּיעָנוּ

10 הַמַּחֲזִיר שְׁכִינָתוֹ לְצִיּוֹן

MATCHING WORDS

Many words appear more than one time in the Shabbat Kiddush.
Read each phrase aloud and lightly underline the boxed word.

1 וַיְהִי

וַיְהִי עֶרֶב

וַיְהִי בֹקֶר

2 יוֹם

יוֹם הַשִּׁשִּׁי

אֶת יוֹם הַשְּׁבִיעִי

3 בַּיּוֹם

וַיְכַל אֱלֹהִים בַּיּוֹם הַשְּׁבִיעִי

וַיִּשְׁבֹּת בַּיּוֹם הַשְּׁבִיעִי

4 הַשְּׁבִיעִי

וַיְכַל אֱלֹהִים בַּיּוֹם הַשְּׁבִיעִי

וַיִּשְׁבֹּת בַּיּוֹם הַשְּׁבִיעִי

אֶת יוֹם הַשְּׁבִיעִי וַיְקַדֵּשׁ אוֹתוֹ

5 **אֱלֹהִים**

וַיְכַל אֱלֹהִים בַּיּוֹם הַשְּׁבִיעִי

וַיְבָרֶךְ אֱלֹהִים אֶת יוֹם הַשְּׁבִיעִי

אֲשֶׁר בָּרָא אֱלֹהִים לַעֲשׂוֹת

6 **מְלַאכְתּוֹ**

מְלַאכְתּוֹ אֲשֶׁר עָשָׂה

מִכָּל מְלַאכְתּוֹ אֲשֶׁר עָשָׂה

כִּי בוֹ שָׁבַת מִכָּל מְלַאכְתּוֹ

7 **מִכָּל**

מִכָּל מְלַאכְתּוֹ אֲשֶׁר עָשָׂה

כִּי בוֹ שָׁבַת מִכָּל מְלַאכְתּוֹ

8 **עָשָׂה**

מְלַאכְתּוֹ אֲשֶׁר עָשָׂה

מִכָּל מְלַאכְתּוֹ אֲשֶׁר עָשָׂה

9 **אֲשֶׁר**

מְלַאכְתּוֹ אֲשֶׁר עָשָׂה

מִכָּל מְלַאכְתּוֹ אֲשֶׁר עָשָׂה

אֲשֶׁר בָּרָא אֱלֹהִים לַעֲשׂוֹת

PRAYER

This passage introduces the Shabbat Kiddush. It reminds us that Shabbat was God's own day of rest following the six days of creation. "He rested on the seventh day from all the work He had done... God ceased from all the work of creation."

1 וַיְהִי עֶרֶב וַיְהִי בֹקֶר

2 יוֹם הַשִּׁשִּׁי.

3 וַיְכֻלּוּ הַשָּׁמַיִם וְהָאָרֶץ

4 וְכָל צְבָאָם.

5 וַיְכַל אֱלֹהִים בַּיּוֹם הַשְּׁבִיעִי

6 מְלַאכְתּוֹ אֲשֶׁר עָשָׂה.

7 וַיִּשְׁבֹּת בַּיּוֹם הַשְּׁבִיעִי

8 מִכָּל מְלַאכְתּוֹ אֲשֶׁר עָשָׂה.

9 וַיְבָרֶךְ אֱלֹהִים אֶת יוֹם

10 הַשְּׁבִיעִי וַיְקַדֵּשׁ אוֹתוֹ

11 כִּי בוֹ שָׁבַת מִכָּל מְלַאכְתּוֹ

12 אֲשֶׁר בָּרָא אֱלֹהִים לַעֲשׂוֹת.

13 בָּרוּךְ אַתָּה ה׳ אֱלֹהֵינוּ מֶלֶךְ הָעוֹלָם

14 בּוֹרֵא פְּרִי הַגָּפֶן.

LESSON 9 שִׁיעוּר

SOUND-ALIKE LETTERS
ב ו   כּ ק
כ ח   ת תּ ט
ס שׂ

See how carefully and quickly you can read each line aloud.

1 כִּי קֹ קֶי כֵּי כָּל קֹדֶ זִבָּ
2 וֶ בֶ וָיו בוֹי הֲבָ צוֹ בִיאֶ
3 סוּ שֵׂ שָׂ סוֹ סֹב נִסִי עֲשָׂ
4 תְּ טֶי תָּי טִ מִטוּ תֵּנוּ טַהֵ
5 חֲ כוּ כֶ חֱ חִיל כָּל חַיֵי

WORD BUILDING

Read each word-part.
Put the word-parts together and read each whole word.

1   קִדְּשָׁנוּ   קִדְ־שָׁנוּ

2   זִכָּרוֹן   זִכָּ־רוֹן

3   בְּרֵאשִׁית   בְּ־רֵא־שִׁית

4   בְּמִצְוֹתָיו   בְּ־מִצְ־וֹ־תָיו

5   כְּבָשִׂים   כְּ־בָ־שִׂים

6   וְנִסְכּוֹ   וְ־נִסְ־כּוֹ

7   וּמַבִּיט   וּ־מַ־בִּיט

8   הִנְחַלְתָּנוּ   הִנְ־חַלְ־תָּנוּ

9   זֶכֶר   זֵ־כֶר

10 הִנְחִילָנוּ   הִנְ־חִי־לָנוּ

63

SIDDUR PHRASES (Sound-Alike Letters)

1 כּוֹסִי בְּיוֹם אֶקְרָא

2 וְרָצָה בָנוּ

3 עֲשֵׂה עִמָנוּ חֶסֶד

4 וְאַתָּה עָתִיד לִטְּלָה

5 אֱלֹהֵיכֶם חַיִים

READING RULE

RECOGNIZING AW IN

קָדְ (ק־ד־ש Holy)

The vowel ָ says AW in the word-part קָדְ

[REMEMBER] Say AW when you read כָּל כָל
and ֳ too!

קָדְ־שׁוֹ קָדְ־שֶׁךָ קָדְ־שְׁךָ

Circle each word that has the vowel sound AW.
Read each circled word aloud.
Read each line aloud.

1 קָדְשׁוֹ כָּל קִדּוּשׁ קוֹל

2 קֹדֶשׁ קָדְשְׁךָ בְּכָל קְדוּשָּׁה

3 קִדַּשְׁתָּ וּבְכָל הַקּוֹל וְצָהֳרָיִם

4 כָּל קִדְּשָׁנוּ מְקַדֵּשׁ קָדְשֶׁךָ

SIDDUR PHRASES

קָדֳ

1 וְשַׁבַּת קָדְשׁוֹ

2 בִּירוּשָׁלַיִם עִיר קָדְשֶׁךָ

3 וְשַׁבַּת קָדְשְׁךָ

4 מוֹעֲדֵי קָדְשֶׁךָ

כֹּל כָּל

5 מִכָּל הָעַמִּים

6 וְכָל צְבָאָם

7 בְּכָל לְבָבְךָ וּבְכָל נַפְשְׁךָ וּבְכָל מְאֹדֶךָ

8 שֶׁבְּכָל עֵת עֶרֶב וָבֹקֶר וְצָהֳרָיִם

READING PRACTICE

When the teacher reads aloud a letter/number combination (Bet-3), read the word (לְהָנִיחַ).

	א	בּ	ג	ד
1	צַדִּיק	וּבְרָצוֹן	מִצְרָיִם	בְּחַצְרוֹת
2	הַשַּׁבָּת	שָׁבַת	בְּשַׁבַּתּוֹ	וְשַׁבַּת
3	הִנְחִילָנוּ	לְהָנִיחַ	וְהַנְחִילֵנוּ	הִנְחַלְתָּנוּ
4	מִצְוָה	בְּמִצְוֹתָיו	מִצְוֹת	וּבְמִצְוֹתֶיךָ
5	הָעַמִּים	עַמּוֹ	עַם	הַמָּיִם
6	וְרָצָה	רָצוֹן	וּבְרָצוֹן	לְרָצוֹן
7	קָדְשְׁךָ	קָדוֹשׁ	קִדְּשָׁנוּ	קֹדֶשׁ
8	וְטַהֵר	בָחַרְתָּ	בְּרַחֲמִים	בְּחָכְמָה

PRAYER

The Shabbat Kiddush is recited over a cup of wine to sanctify Shabbat. Shabbat is associated with two major events: Creation and our Exodus from Egypt. The command to remember Shabbat is found in the Ten Commandments given at Sinai following the Exodus. Both events are highlighted in the Kiddush. "God gave us the holiness of Shabbat... to bring Creation to our minds. It is the first among our sacred days, reminding us of the Exodus from Egypt."

1 בָּרוּךְ אַתָּה ה׳

2 אֱלֹהֵינוּ מֶלֶךְ הָעוֹלָם,

3 אֲשֶׁר קִדְּשָׁנוּ בְּמִצְוֹתָיו

4 וְרָצָה בָנוּ וְשַׁבַּת קָדְשׁוֹ

5 בְּאַהֲבָה וּבְרָצוֹן הִנְחִילָנוּ,

6 זִכָּרוֹן לְמַעֲשֵׂה בְרֵאשִׁית.

7 כִּי הוּא יוֹם תְּחִלָּה

8 לְמִקְרָאֵי קֹדֶשׁ,

9 זֵכֶר לִיצִיאַת מִצְרָיִם.

10 כִּי בָנוּ בָחַרְתָּ, וְאוֹתָנוּ קִדַּשְׁתָּ

11 מִכָּל הָעַמִּים, וְשַׁבַּת קָדְשְׁךָ

12 בְּאַהֲבָה וּבְרָצוֹן הִנְחַלְתָּנוּ.

13 בָּרוּךְ אַתָּה ה׳ מְקַדֵּשׁ הַשַּׁבָּת.

LESSON 10 שִׁיעוּר

READING וְ AND וּ AT THE BEGINNING OF A WORD

See how carefully and quickly you can read each line aloud.

1 וְ־טַ וְ־אָ וְ־יָ וְ־קִ וְ־רוֹ וְ־הַ

2 וְ־הִשְׁ וְ־נִסְ וְ־תִמְ וְ־לִבְ וְ־יִבְ וְ־יֵדְ

3 וּשְׁ וּדְ וּבְ וּלְ וּתְ וּמְ

4 וּ־בָ וּ־מֵ וּ־מַשְׁ וּ־בִ וּ־מֶמְ וּ־מִי

WORD BUILDING

Read each word-part.
Put the word-parts together and read each whole word.

1 וְ־רַ־חֲ־מִים וְרַחֲמִים

2 וְ־אַ־הֲ־בַת וְאַהֲבַת

3 וְ־קוֹרְ־אֵי וְקוֹרְאֵי

4 וְ־הִשְׁ־תַּ־חֲווּ וְהִשְׁתַּחֲווּ

5 וּ־נְ־סַ־פֵּר וּנְסַפֵּר

6 וּ־בְ־רָ־צוֹן וּבְרָצוֹן

7 וּ־בָ־אָ־רֶץ וּבָאָרֶץ

8 וּ־מִשְׁ־תַּחֲ־וִים וּמִשְׁתַּחֲוִים

SIDDUR PHRASES

וּ

1 מֶלֶךְ עוֹזֵר וּמוֹשִׁיעַ וּמָגֵן

2 וּמִשְׁתַּחֲוִים וּמוֹדִים

וְ

3 וְהִשְׁתַּחֲווּ לַהֲדֹם רַגְלָיו

4 וְהַגְּבוּרָה וְהַתִּפְאֶרֶת וְהַנֵּצַח וְהַהוֹד

וְ	וּ

5 וּצְדָקָה וּבְרָכָה וְרַחֲמִים וְחַיִּים וְשָׁלוֹם

6 וְרוֹפֵא חוֹלִים וּמַתִּיר אֲסוּרִים

READING RULE

THE SOUNDED SH'VA

Some double letters appear in words - לל ממ נן.
If the first letter has a Sh'va under it, the two letters are blended together and the SH'VA IS SOUNDED.
This Sh'va says UH.

רוֹ־מְמוּ הִ־נְנִי הַ־לְלוּ

WORD BUILDING

Read each word-part.
Put the word-parts together and read each whole word.

1 הַ־לְלוּ הַלְלוּ

2 הַ־לְלוּ־יָהּ הַלְלוּיָהּ

3 יְ־הַ־לְלוּ יְהַלְלוּ

4 יְ־הַ־לְלוּ־ךָ יְהַלְלוּךָ

5 רוֹ־מְמוּ רוֹמְמוּ

6 עַ־נְנִי עַנְנִי

7 הִ־נְנִי הִנְנִי

8 וּ־מַ־דְדָה וּמַדְדָה

9 חָ־גְגָה חָגְגָה

10 סָ־בְבָה סָבְבָה

SIDDUR PHRASES (Double Letters)

1 הַלְלוּ עַבְדֵי ה׳

2 הַלְלוּ אֶת שֵׁם ה׳

3 מֵעַתָּה וְעַד עוֹלָם הַלְלוּיָהּ

4 וּקְדוֹשִׁים בְּכָל יוֹם יְהַלְלוּךָ

5 רוֹמְמוּ ה׳ אֱלֹהֵינוּ

6 הַכֹּל יְרוֹמְמוּךָ סֶּלָה

7 הִנְנִי מוּכָן וּמְזוּמָּן

8 וְלִמְקַלְלַי נַפְשִׁי תִדּוֹם

PRAYER

This prayer passage is part of the Torah Service. When the Torah is carried in a procession, the reader and the congregation sing these lines. The passage praises God's greatness and power: "... for all that is in the heaven and on the earth is Yours." The passage acclaims God's holiness: "Exalt the Lord our God... for the Lord our God is holy."

1   לְךָ יְיָ הַגְּדֻלָּה וְהַגְּבוּרָה וְהַתִּפְאֶרֶת

2   וְהַנֵּצַח וְהַהוֹד.

3   כִּי כֹל בַּשָּׁמַיִם וּבָאָרֶץ,

4   לְךָ יְיָ הַמַּמְלָכָה וְהַמִּתְנַשֵּׂא לְכֹל לְרֹאשׁ.

5   רוֹמְמוּ יְיָ אֱלֹהֵינוּ וְהִשְׁתַּחֲווּ לַהֲדֹם רַגְלָיו,

6   קָדוֹשׁ הוּא.

7   רוֹמְמוּ יְיָ אֱלֹהֵינוּ וְהִשְׁתַּחֲווּ לְהַר קָדְשׁוֹ,

8   כִּי קָדוֹשׁ יְיָ אֱלֹהֵינוּ.

LESSON 11 שִׁיעוּר

LOOK-ALIKE LETTERS שׁ שׂ

See how carefully and quickly you can read each line aloud.

1 שֶׁ שׁוֹ שָׁי שֵׁי שִׁוַ שַׁר אֲשֶׁ

2 שׁוּ שֵׁ שָׁ שׁ שֵׁיךְ מִשְׁ עֲשֵׁ

3 שֶׁ שׁ שַׁ שְׁ עָשׁ תִּשֵׁ שִׁירֵי

WORD BUILDING

Read each word-part.
Put the word-parts together and read each whole word.

ש

1 שָׁ־לוֹם שָׁלוֹם

2 מָ־שִׁיחַ מָשִׁיחַ

3 שֶׁנָ־תַן שֶׁנָתַן

4 הַשְׁ־בִיעִי הַשְׁבִיעִי

5 מְ־אֻ־שָׁר מְאֻשָׁר

6 בִּקְ־דֻ־שָׁתוֹ בִּקְדֻשָׁתוֹ

7 וַ־יִשְׁ־בּוֹת וַיִשְׁבּוֹת

8 מִירוּ־שָׁלַ־יִם מִירוּשָׁלַיִם

שׂ

9 שָׂ־שׂוֹן שָׂשׂוֹן

10 יַעֲ־שֶׂה יַעֲשֶׂה

11 שַׂמְ־חֵנוּ שַׂמְחֵנוּ

12 יִשְׂ־בְּעוּ יִשְׂבְּעוּ

13 מְ־שַׂ־מֵחַ מְשַׂמֵחַ

14 יִשְׂ־רָ־אֵל יִשְׂרָאֵל

15 לְ־שִׂמְ־חָה לְשִׂמְחָה

16 וְ־שַׂמְ־תֶּם וְשַׂמְתֶּם

SIDDUR PHRASES (שׁ and שׂ)

1 כִּי בְשֵׁם קָדְשְׁךָ נִשְׁבַּעְתָּ לוֹ

2 וְאֶת שַׁוְעָתָם יִשְׁמַע וְיוֹשִׁיעֵם

3 יֹאמְרוּ וְתִשְׁבָּחוֹת יַשְׁמִיעוּ

4 בְּשִׂמְחָה וּבְשָׂשׂוֹן

5 שְׂמֵחִים בְּצֵאתָם וְשָׂשִׂים בְּבֹאָם

6 יְפֵה נוֹף מְשׂוֹשׂ כָּל הָאָרֶץ

7 יִשְׂרָאֵל בִּקְדֻשָּׁתוֹ

8 לְשׁוֹנִי מֵרָע וּשְׂפָתַי

9 הַקֹּדֶשׁ בְּרַעַשׁ גָּדוֹל מִתְנַשְּׂאִים

READING RULE

DOUBLE-DUTY DOT

Sometimes the dot in שׁ and the dot in שׂ serve two purposes.

This dot שׁ identifies the letter שׁ and also serves as the vowel "O" for the letter *preceding* the שׁ.

מֹשֶׁה חֹשֶׁךְ שָׁלֹשׁ

Find and circle מֹשֶׁה in each line.

Can you now read each line correctly?

1 מֹשֶׁה חֹשֶׁךְ עֹשֶׁר שָׁלֹשׁ קְדֹשִׁים

2 קָדֹשׁ עֹשֶׁק כְּמֹשֶׁה לִלְבֹּשׁ נְחֹשֶׁת

3 לִפְרֹשׁ מֹשֶׁךְ שְׁלֹשֶׁת מֹשֶׁה יֹשֶׁבֶת

This dot שׂ identifies the letter שׂ and also serves as the vowel "O" for the letter שׂ.

נָשׂא חָשׂף וְשָׂשׂן

Can you read each line correctly?

1 נָשׂא עָשׂה חָשׂף שׂבֵר חֲשׂף

2 שׂרֵק וְשָׂשׂן שׂרֵר שׂרֵף שׂטְנַי

3 וַיֶחֱשׂף עֲשׂהוּ לָשׂבַע כִּנְשׂא שׂנְאַי

SIDDUR PHRASES (Double-Duty Dots)

1 בְּיַד מֹשֶׁה

2 יוֹצֵר אוֹר וּבוֹרֵא חֹשֶׁךְ

3 אָחַז יֹשְׁבֵי פְּלָשֶׁת

4 וְיֶחֱשֹׂף יְעָרוֹת

5 לְשֹׂבַע וְלֹא לְרָזוֹן

6 וְשֹׂנְאֵי צַדִּיק יֶאְשָׁמוּ

7 וּבְמֹשֶׁה עַבְדּוֹ

8 כִּי לֹא יִטֹּשׁ ה׳ עַמּוֹ

READING RULE

DOUBLE DOTS

Sometimes שׂ and שׁ look like this: שֹׁ

One dot is the vowel "O."

When שׁ is the *first* letter in a word, this symbol (שֹׁ)

says "Sho."

The dot on the *left* is the vowel "O."

1 שֹׁמֵעַ שֹׁכֵן שֹׁרֶש שֹׁגֶג שֹׁפֵט

2 שֹׁטֶה שֹׁרֵד שֹׁפְטֵי שֹׁרְרָי שֹׁבֵךְ

When שׂ is the *middle* letter in a word, this symbol (שֹׂ)
says "OS."
The dot on the *right* is the vowel "O."

3 עֹשֶׂה פֹשֵׂר אֹשֶׂה סֹשֶׂה

4 נֹשֶׂה עֹשִׂי גֹשֶׂר

SIDDUR PHRASES

שׁ

1 לוּ עַמִּי שֹׁמֵעַ לִי

2 קוֹל ה׳ שֹׁבֵר אֲרָזִים

3 וְהָיוּ לִמְשִׁסָּה שֹׁאסָיִךְ

4 מִצִּיּוֹן שֹׁכֵן יְרוּשָׁלָיִם הַלְלוּיָהּ

שׂ

5 עֹשֶׂה שָׁלוֹם בִּמְרוֹמָיו

6 לִפְנֵי ה׳ עֹשִׂי

7 בֹּא יָבֹא בְרִנָּה נֹשֵׂא אֲלֻמֹּתָיו

8 וְעֹשֶׂה חֶסֶד לִמְשִׁיחוֹ

PRAYER

These prayer passages are recited during the Torah Service. The first two selections are sung before the Torah is taken from the Ark. The last two selections are among the concluding passages of the Torah Service. The first of these is sung after the Torah reading is completed. The last is sung after the Torah is placed in the Ark.

1 ה׳ מֶלֶךְ ה׳ מָלָךְ

2 ה׳ יִמְלֹךְ לְעוֹלָם וָעֶד:

3 ה׳ עֹז לְעַמּוֹ יִתֵּן

4 ה׳ יְבָרֵךְ אֶת עַמּוֹ בַשָּׁלוֹם:

1 כִּי מִצִּיּוֹן תֵּצֵא תוֹרָה

2 וּדְבַר ה׳ מִירוּשָׁלָיִם

3 בָּרוּךְ שֶׁנָּתַן תּוֹרָה

4 לְעַמּוֹ יִשְׂרָאֵל בִּקְדֻשָּׁתוֹ:

1 וְזֹאת הַתּוֹרָה

2 אֲשֶׁר שָׂם מֹשֶׁה

3 לִפְנֵי בְּנֵי יִשְׂרָאֵל

4 עַל פִּי ה׳ בְּיַד מֹשֶׁה:

1 עֵץ חַיִּים הִיא לַמַּחֲזִיקִים בָּה

2 וְתֹמְכֶיהָ מְאֻשָּׁר

3 דְּרָכֶיהָ דַרְכֵי נֹעַם

4 וְכָל נְתִיבוֹתֶיהָ שָׁלוֹם:

LESSON 12 שִׁיעוּר

LOOK-ALIKE LETTERS בב כּכ פּפ תּת

See how carefully and quickly you can read each line aloud.

1 בֶּ בוֹ בֵּ בוּ בָבֶ בָּנוּ בוֹד

2 כָּ כֵי כִּי כָל זָכוּ כֹּל

3 פֵּ פִ פוֹ פְּ פֵּרוּ פִים פָּנֶי

4 תָּ תִי תוֹ תִ תֵּנוּ בָּת תָּחַת

SIDDUR PHRASES

1 פְּתַח לִבִּי בְּתוֹרָתֶךָ וּבְמִצְוֹתֶיךָ

2 ה׳ יְבָרֵךְ אֶת עַמּוֹ בַשָּׁלוֹם

3 תִּכַּנְתָּ שַׁבָּת רָצִיתָ קָרְבְּנוֹתֶיהָ

4 בָּרְכֵנוּ בַּבְּרָכָה הַמְשֻׁלֶּשֶׁת

5 נוֹדֶה לְךָ וּנְסַפֵּר תְּהִלָּתֶךָ

READING RULE

THE מֶתֶג

A Hebrew word is usually accented on the *last* syllable. Read these Hebrew words correctly.

חַס־דֵי תְּהִ־לָּ־ מִי אֱמוּנָ־תוֹ

אַבְרָ־הָם עֶלְ־יוֹן יִצְ־חָק

The מֶתֶג is a special accent mark.

The מֶתֶג tells you when to accent a different syllable (other than the last syllable).

The מֶתֶג is usually placed to the *left* of the vowel מֶ.

עֶ־רֶב בָּ־טָחְ־נוּ

Sometimes it is placed *under* the letter. דוֹ־מֶה עֹ־נֶג

אֲ אָ אֶי אֶ אֱ אֵי

אוֹ אֹ אוֹ

READING PRACTICE

אֱלֹהֵינוּ אֲבוֹתֵינוּ עָלֵינוּ בָּרְכֵנוּ 1

אָבִינוּ כֻּלָּנוּ זִכְרוֹנֵנוּ מַלְכֵּנוּ 2

פָּנֶיךָ עַמֶּךָ קָדְשָׁתֶךָ תּוֹרָתֶךָ 3

מַעֲשֶׂיךָ מְאֹדֶךָ עֵינֶיךָ בֵּיתֶךָ 4

יוֹדוּךָ יָבִיעוּ וַיָּרֶם בְּכֹחַ 5

הַשָּׁמַיִם עֶרֶב הָאָרֶץ עֹנֶג 6

SIDDUR PHRASES (With מֶֽתֶג)

1 עָֽלֵינוּ לְשַׁבֵּֽחַ לַאֲדוֹן הַכֹּל

2 וַאֲנַֽחְנוּ כּוֹרְעִים

3 שַׂבְּעֵֽנוּ מִטּוּבֶֽךָ וְשַׂמְּחֵֽנוּ בִּישׁוּעָתֶֽךָ

4 עֶֽרֶב וָבֹֽקֶר וְצָהֳֽרָיִם

5 צוּר חַיֵּֽינוּ מָגֵן יִשְׁעֵֽנוּ

6 שֶׁהוּא נוֹטֶה שָׁמַֽיִם וְיוֹסֵד אָֽרֶץ

7 אַשְׁרֵי הָעָם שֶׁכָּֽכָה לּוֹ

8 דְּרָכֶֽיהָ דַרְכֵי נֹעַם

9 וְנָֽשׁוּבָה חַדֵּשׁ יָמֵֽינוּ כְּקֶֽדֶם

10 צִוִּיתָ פֵּרוּשֶֽׁיהָ עִם סִדּוּרֵי נְסָכֶֽיהָ

READING RULE

THE דָּגֵשׁ

The דָּגֵשׁ is a special dot sometimes found in the middle of a Hebrew letter.

The דָּגֵשׁ changes the sound of these letters:

ב בּ.   כ כּ   פ פּ

Many times the דָּגֵשׁ does *not* change the sound of a letter.

גּ דּ הּ וּ זּ טּ יּ לּ

מּ נּ סּ צּ קּ שּׁ שּׂ

Each letter below has a דָּגֵשׁ.

Circle the sounds that change because the דָּגֵשׁ has been added.

1 דּ מּ גּ בּ קּ סּ פּ

2 לּ נּ תּ צּ כּ יּ בּ

3 שּׁ זּ טּ פּ הּ שּׁ כּ

A SPECIAL LETTER

וּ (Vav with a silent dagesh)

Write the English sound below each of these Hebrew letters.

וּ ק ס מ וּ ט

_____ _____ _____ _____ _____ _____

Which of the letters looks like a vowel sound? ________

Two clues tell you when וּ is a *letter:*

* if וּ has its own vowel sound וַּ וְּ וִּי
* if the letter preceding וּ already has a vowel

קִוּי צַוְּ טַוּוּ

WORD BUILDING

Read each word-part.
Put the word-parts together and read each whole word.

1 קַ־וָּם קַוָּם

2 צִ־וָּה צִוָּה

3 קִ־וִּינוּ קִוִּינוּ

4 צִ־וּוּי צִוּוּי

5 כַּוָּ־נָה כַּוָּנָה

6 אִוּ־תֶיהָ אִוּתֶיהָ

7 מְ־קַ־וִּים מְקַוִּים

8 מְ־צַוְּ־ךְ מְצַוְּךְ

9 שִׁוַּ־עְתִּי שִׁוַּעְתִּי

10 יִוָּ־שֵׁ־עוּן יִוָּשֵׁעוּן

FINAL ךּ (Final Chaf with a sounded dagesh)

Sometimes Final ך has a דָּגֵשׁ.

Then the Final ך looks like this ךּ and has the

saying sound "K." ךָּ says "KAH."

WORD BUILDING

Read each word-part containing Final ךּ.
Read all the word-parts in each word.
Put the word-parts together and read each whole word.

1	אוֹ־דֶךָּ	אוֹדֶךָּ
2	וִיחֻ־נֶּךָּ	וִיחֻנֶּךָּ
3	אַשְׂ־בִּי־עֶךָּ	אַשְׂבִּיעֶךָּ
4	אֲ־בָרְ־כֶךָּ	אֲבָרְכֶךָּ
5	תְּ־מַגְּ־נֶךָּ	תְּמַגְּנֶךָּ
6	וָאֲ־חַלְּ־צֶךָּ	וָאֲחַלְּצֶךָּ

SIDDUR PHRASES (Silent/Sounded Dagesh)

1 אֲשֶׁר אָנֹכִי מְצַוְּךָ

2 בְּכָל יוֹם אֲבָרְכֶךָּ

3 בְּצִיּוֹן אִוָּהּ לְמוֹשָׁב לוֹ

4 בְּאֵלִיָּהוּ הַנָּבִיא עַבְדֶּךָ

5 אָז מִסִּינַי נִצְטַוּוּ עָלֶיהָ

6 עֲטֶרֶת תִּפְאֶרֶת תְּמַגְּנֶךָּ

7 וּבַיּוֹם הַשְּׁבִיעִי שָׁבַת וַיִּנָּפַשׁ

8 מִי כָּמֹכָה נֶאְדָּר בַּקֹּדֶשׁ

9 וְכֹל הַחַיִּים יוֹדוּךָ סֶּלָה

10 וְלֹא יִשָּׂא גוֹי אֶל גּוֹי חֶרֶב

PRAYER

This is the introductory section of the middle blessing recited during the Musaf Amidah. It reminds us that we were commanded at Sinai to keep the Sabbath and that those who "delight in the Sabbath have a glorious heritage." This blessing also serves as a reminder of the Temple sacrifices.

1 תִּכַּנְתָּ שַׁבָּת רָצִיתָ קָרְבְּנוֹתֶיהָ. צִוִּיתָ

2 פֵּרוּשֶׁיהָ עִם סִדּוּרֵי נְסָכֶיהָ. מְעַנְּגֶיהָ לְעוֹלָם

3 כָּבוֹד יִנְחָלוּ. טוֹעֲמֶיהָ חַיִּים זָכוּ. וְגַם

4 הָאוֹהֲבִים דְּבָרֶיהָ גְדֻלָּה בָּחָרוּ. אָז מִסִּינַי

5 נִצְטַוּוּ עָלֶיהָ. וַתְּצַוֵּם יְיָ אֱלֹהֵינוּ לְהַקְרִיב

6 בָּהּ קָרְבַּן מוּסַף שַׁבָּת כָּרָאוּי. יְהִי רָצוֹן

7 מִלְּפָנֶיךָ יְיָ אֱלֹהֵינוּ וֵאלֹהֵי אֲבוֹתֵינוּ

8 שֶׁתַּעֲלֵנוּ בְשִׂמְחָה לְאַרְצֵנוּ וְתִטָּעֵנוּ בִּגְבוּלֵנוּ.

9 שָׁשָׁם עָשׂוּ אֲבוֹתֵינוּ לְפָנֶיךָ אֶת קָרְבְּנוֹת

10 חוֹבוֹתֵיהֶם. תְּמִידִים כְּסִדְרָם וּמוּסָפִים

11 כְּהִלְכָתָם. וְאֶת מוּסַף יוֹם הַשַּׁבָּת הַזֶּה

12 עָשׂוּ וְהִקְרִיבוּ לְפָנֶיךָ בְּאַהֲבָה כְּמִצְוַת

13 רְצוֹנֶךָ כְּמוֹ שֶׁכָּתַבְתָּ בְּתוֹרָתֶךָ. עַל יְדֵי

14 מֹשֶׁה עַבְדֶּךָ מִפִּי כְבוֹדֶךָ כָּאָמוּר. וּבְיוֹם

15 הַשַּׁבָּת שְׁנֵי כְבָשִׂים בְּנֵי שָׁנָה תְּמִימִם וּשְׁנֵי

16 עֶשְׂרֹנִים סֹלֶת מִנְחָה בְּלוּלָה בַשֶּׁמֶן וְנִסְכּוֹ.

17 עֹלַת שַׁבַּת בְּשַׁבַּתּוֹ עַל עֹלַת הַתָּמִיד

18 וְנִסְכָּהּ.